Für Maria und Aurora

H.D. Blossom

Kirschen Sammeln

www.tredition.de

© 2019 Hope Dilara (H.D.) Blossom

Verlag und Druck: tredition GmbH, Halenreie 40-44, 22359 Hamburg

ISBN
Paperback: 978-3-7482-4383-0
Hardcover: 978-3-7482-4384-7
e-Book: 978-3-7482-4385-4

Kirschen Sammeln

Inhaltsverzeichnis

Träume..8

Leben...29

Buchstaben der Fantasie...77

Liebe..87

Reisen...118

Jahreszeiten meiner Seele...155

Tod..190

Kirschen Sammeln..209

Vorwort

Schon seit vielen Jahren hege ich den Wunsch ein Buch mit meinen Gedichten zu veröffentlichen. Dieser Wunsch hat sich irgendwann unbemerkt in mir eingenistet und sich seitdem immer weiter vergrößert. Der richtige Zeitpunkt für die Erfüllung meines Wunsches war jedoch stets irgendwo in der Ferne, bis eines Tages eine gute Freundin mir Mut machte und mir Glauben schenkte. So begab ich mich auf eine spannende Reise in die verschiedenen Zeiten meines Lebens und konnte die Worte jener Zeit ausfindig machen und sie wiederaufleben lassen. Begeben Sie sich zusammen mit mir auf eine aufregende Reise Ihrer Seele. Blicken Sie zurück, blicken Sie nach vorn, aber nehmen Sie vor allem das Hier und Jetzt wahr. Lassen Sie sich von meinen Worten entführen in Ihre bisherigen Gedanken, Gefühle und Träume Ihres Lebens.

Träume...

Träume!

So lange und so oft

du kannst

in allen Varianten

und Formen

immer und

immer

wieder.

Bis das, was du einst

träumtest

kein Traum mehr ist.

Traum

Ein Traum hat mit Wille Wurzeln gefasst

mit Mut gewachsen

es ist erblüht

hat sich langsam entfaltet.

Gelebt in vollen Zügen

mit jedem Atemzug den Moment inhaliert

dem Herz ein Zuhause gegeben

und schließlich

Erfüllung

gefunden.

Young and free

While you are young, do what you want

the older you get

the more fearful of life

you become.

Home

You have to go

to search

to journey

You have to go

to learn

to breathe

to live

an adventure.

Ultimately

all the best ones

will lead

you

home.

Mutig

Den Mut zu packen

in das vor Aufregung zitternde Herz

und einen steinigen, ungewissen Pfad zu folgen

voller

Herausforderungen

ist

Mutig.

Supermarktträume

Kauf dir Träume ein

nicht die aus dem Supermarkt

sondern die, die du längst verloren

hast in den Gassen deiner Seele

das den Weg zu sich selbst schon

längst verloren hat.

Kauf dir deine Träume zurück

nicht im Supermarkt

sondern in den Gassen

deines Alltags.

Was du liebst

Wenn du nicht das tust

was

du liebst

wirst du nie das tun was

du liebst

früher oder später

wirst du innerlich

verblühen

und dich an das stumme

Summen deines Herzens

gewöhnen bis es

vollkommen

verstummt

und du

apathisch deinem

Leben hinterher

trauerst.

Tagtraum

Hin und her segeln meine innigsten Gedanken
sorglich verborgen in der fernsten Welt
Meines Ichs.

Ein Traum

Ein Traum
mein Traum
mein Mut
zu erreichen, was ich will
ist mein Entschluss
unser Entschluss
unser Mut
unser Traum
zu erreichen, was wir wollen
denn alles ist möglich.
Nur ist es wichtig
zu glauben
in Alles
was du
tust.

Backline

Always give it a try

just inch yourself out of that

backline

step into life

courage

risks.

Yes.

Start.

Now.

Hoch hinaus

Die Wolken und Berge will ich erklimmen

hoch hinaus strampeln

den Duft des Sieges in meinen Nüstern fühlen

die Größe der Herausforderungen

einatmen das Lebenselixier

und mich dort sehen

wo ich sein will.

World

Do you see it?

The world.
It waits for you.

Take the great step.
welcome the change.
Have no fear.
Your heart holds you back?
Because it wants the most
of this
world.

Durst stillen

Dahingleiten in den Bahnen der Sterblichen

zu durchforsten die oft begangenen Stadien

des fließenden Herzschlages

und sie zu formen mit dem eigenen zarten Duft

und sie zu erleben mit der Selbstblüte von kämpfendem Durst

schließlich mit williger Bereitschaft

schließen die luftigen Tore

trinken den atmenden Hauch

und die Zuckerwand mit leichten

Fingerspitzen berühren

um vollends das Leben

zu überqueren.

Meer

Wir werden geboren in einem Meer

voller Möglichkeiten

sehnen uns mit kindlichem Spiel

nach Dingen

deren Umsetzung

sich nicht bewahrheitet.

Im Alter sehen wir schließlich das Verpasste

bewusst ist uns der verlorene

Kindheitstraum.

Aber genau im Alter

werden wir geboren erneut

im Meer

um zu leben

eigenständig

den Traum.

Herzenswunsch

Will ich die Musik?

Will ich, dass es mein Herz besänftigt und es entlastet?

Trau ich mich das?

Mein Herz schreit danach

doch wird zurückgeholt

entführt in eine Realität

von der ich mich verabschieden will

und ich vergesse, doch erwache

ich sehne mich danach

doch wende es ab.

Lass mich mein Herz finden,

mein Herz.

Alles

So faszinierend ist es auf Erden

Alles

begehrt man zu erreichen
jedes Funkeln zu sehen
und zu erfassen
alle Windungen
zu streifen
schließlich
zu entdecken
das Sein.

Wunder

In meiner Hand halte ich
alles Ungreifbare, die Unerschöpflichkeit
dieses grenzenlosen Zaubers
und das prickelnde
Wunder.

geplant

Die Träume, die ich schon so lange
in mir trage, wollen nach außen
treten und alles um sich herum mit
einem Schlag verändern, als wäre
dieser Moment schon immer
geplant gewesen und das
Universum hätte nur auf den
richtigen Augenblick gewartet
um loszulegen.

Belief

Trust and believe
that everything will find its right
place and time
if you just let it go
let it happen
and believe.

Vorhergesehene Zukunft

Mir scheint
als könnte ich nicht mehr träumen
nicht mehr in Bildern sehen
meinen Traum

Warum habe ich Angst
die Zukunft
in meinen Augen
meinen Träumen
zu sehen?

Dabei ist doch der
Traum
essentiell
für die Erfüllung
der vorhergesehenen
Zukunft
des Traums.

Entrückt

Schickst du einen Wunsch in das
Universum und kehrt es zu dir
zurück, kannst du reden
von Glück
dass
auf dem Weg
so entzückt
es dich
in wahrhaftig
die richtige Welt wieder
hineinrückt.

Träumen

Alles, was ich mir bis jetzt
vorgestellt habe, hat sich
in geeigneter Zeit erfüllt.
So werde ich nie aufhören
zu träumen und an
das Unglaubliche zu glauben
denn mein gegenwärtiges Träumen
ist mein zukünftiges Leben.

Seelenworte

Ich blättere durch die

Worte meiner Seele.

So viel hat sich angehäuft

über die Zeit.

Ich schlage jene Seite auf

die bereit ist

neue Worte aufzunehmen.

Doch manchmal

schlage ich meine Seelenworte zu

verberge sie hinter ihrem

Buchdeckel mit einladenden weißen

Blumen und schlage sie nur dann

auf, wenn sie bereit sind sich zu

öffnen.

Klarheit

Kennst du es, wenn du am
vernebelten Fenster stehst und nur
etwas Verschwommenes siehst?
Du weißt oder fühlst, was sich dahinter
verbirgt und dass es irgendwann
aufklaren wird und du dadurch sehen
kannst
aber jetzt ist es noch nicht sichtbar.
Es braucht Zeit, um sich zu
zeigen.
Die Frage aber ist, ob man jetzt
schon etwas machen
sollte

um mehr
zu sehen.

Segne sie alle
die ihr Zuhause in dir finden.
Gib Ihnen all ihre Träume zurück
die sie zermürbend hinter sich gelassen haben.
Segne uns alle mit deiner
unendlichen Geduld, die uns auffängt
und erwachen lässt
in deinem
Licht.

Lebens-Standard

Faszinieren tun mich Menschen
die ihre, als brotlos angesehene Kunst ewig ausleben
und zu ihrem Dasein stehen
der oftmals verpönt wird
wegen Sinnlosigkeit
aber sinnlos ist es nicht, das zu tun, was das Herz begehrt
sondern es nicht zu tun
und das zu einem Standard werden zu lassen
für das Leben.

Perfekter Zeitpunkt

Du führst mich immer wieder zu dir
durch verdunkelte Gassen
durch lange und verkurvte
Pfade, verregnete Häuser
und vergilbte Tage.
Immer wieder
sehe ich deine Hand auf meiner
mit gütigem Blick und aufmunternder
Ruhe dir zu folgen und dich zu
schätzen, weil allein durch dein
Vertrauen ich den langersehnten
Ort mir suche und das
Gleichgewicht in mir finde.
Schachtelweise öffne ich Stück für
Stück mein Herz in Schachteln
verschachtelt, eingestaubt und
wohlbewahrt, um nur zu
bestimmten Anlässen zu
offenbaren, was wirklich in mir
steckt an einem perfekten
Zeitpunkt, auf den ich nicht mehr
warten kann.

Zurück

Manchmal blicke ich zurück
akribisch
nur um zu prüfen
ob ich am Pfad richtig abgebogen bin.

Nur um sicher zu sehen, dass ich
den richtigen
Weg eingeschlagen habe.

Manchmal blicke ich zurück
um manche Entscheidungen zu bereuen.

Manchmal blicke ich zurück
nur um in Gedanken
ein anderes Ende für jetzt ausmalen zu können
um mich beruhigt zu beschuldigen
meines falschen, rücksichtslosen Vergehens
an meinem eigenen
Leben.

Doch manchmal

blicke ich zurück
mit Tränen der Freude
denn
wenn alles anders gewesen wäre
hätte ich all diese einmaligen
wundersamen
herzerwärmenden
Momente
nie
erlebt
euch nie kennen
gelernt
und niemals gespürt, wie es ist
wenn ein langersehnter Traum
endlich in Erfüllung geht
und du jeden Tag in
Glück badest
lachst und tanzt.

Leben

storm.

There is something inexplicably beautiful
and calming after a huge storm.
The greater the storm
the greater the peace.

Eine Zugfahrt durchs Leben

Schaut durchs Fenster!

Sie schauten durch das Fenster in ihr Leben.
Sie schauten durch das Fenster auf die Fenster anderer Leben.
Sie fragten sich, was sich wohl in jenen Leben befand.
Was waren ihre Geschichten?

Sie setzen sich in den Zug des Lebens und sahen mich
wie ich auf der Schwelle der Treppe, genau am Eingang sitze
nachdenklich und verträumt.
Doppeltüren an beiden Seiten.

Ich sehe, wie Menschen hineintreten und hinaustreten.
Aus ihrer Geschichte hinaus in den Zug, wo wir
für eine kurze Zeit stoppen und eins
sind in unseren Geschichten
im Zug des Lebens.

Ich spüre den Luftzug, wenn sich die Türen öffnen
und mir die Stationen zeigen.
Tief versunken schaue ich in die Leere
mit meinen Gedanken,
als ich vor mir eine Frau sehe, vor der geschlossenen Tür.
Sie gibt Zeichen, Zeichen des Abschieds.

Genauso wie ihr Mann, der ihr immer wieder
einen unsichtbaren Kuss zuschickt
durch die verschlossene Tür.
Ich sehe ihre innige Zuneigung zueinander
die sich mit der Bewegung des Zugs in traurige
Sehnsucht verwandelt
bis am Ende niemand mehr da ist und er
sich umdreht und die Treppe nach oben nimmt
an mir vorbei in die nächste Etage.

An meinem Ziel angekommen
gehe ich langsam aber sicher Richtung Ausgang.
Ich habe vergessen, wie sich die Natur anfühlt
ich habe vergessen, wie sich der Wind anfühlt
ich habe vergessen, wie das Leben mal war
wie es sich anfühlt zu leben und gleichzeitig
frei zu sein
Eins zu sein
mit dem Herzen und dem Licht, dass von draußen
in deine Augen scheint
und dir ein Gefühl
vom Leben gibt und du
nicht vergisst zu sein.

Wunderzauber

Viele glauben nicht an Magie
an zaubern, an Wunder.
Kinder tun es.

Ich tue es.
Nie wird das Kindliche aus mir weichen
denn ich glaube an das Gute, an die wahre Liebe
an den Zauber des Lebens und an Wunder.

Berufung

Jeder ist für etwas berufen
in diesem Leben.

Jeder hat eine bestimmte Gabe
eine bestimmte Aufgabe.
Man muss sich nur

auf die Suche begeben und
in sich schauen.

Entfalten

Du musst es einfach

entfalten.

So

ist es

mit der Kunst

so

ist es

mit dem Schreiben

und

so ist es

mit dem Leben.

Manchmal nimmt es einfach

seinen Lauf

dann musst du es zulassen

denn es kann sich zu etwas ganz

Neuem

und

Unvorstellbaren

entwickeln.

Zu etwas

an das du garnicht gedacht hast

als du damit begonnen hattest.

Präsenz

Erst manchmal realisiere ich die Präsenz

Meines Daseins im Jetzt

das größer ist

als das Auge sieht.

Draußen sehe ich die Ferne

und in der Ferne sehe ich mich.

Überschattet von dem belaubten Boden der Zeit.

Entwaffnet.

Den Himmel berührend mit sichtbarer Luft.

Herzpochend in die Vergangenheit der Gegenwart blickend.

Den Blick von der Zukunft abwendend

und die Zeichen der Zukunft lesend.

Ahnungsloser Schauplatz

Ich habe gesehen und verstanden

ich bin ich und ich

werde mich nicht anpassen

dem dauerhaften und schnellen

Rennen des Lebens

stehen bleiben und durchatmen

das werde ich.

Gefangen im eigenen kreierten Wahnsinn

voller Ignoranz.

Und eine Masse, die dieser folgt

ohne es zu wissen

ohne es zu ahnen

wie sehr es uns verändert

und unsere Natürlichkeit in vollen

Zügen zerschmettert.

Folgen wir dem Wahnsinn oder

lehnen wir uns gegen sie?

Eine Generation so ahnungslos.

Ein ahnungsloser Schauplatz.

Leblos

Leblos taumeln Füße

schreiten jedoch voran

leblos lebt sich das Leben

von vielen

obwohl oft das Gegenteil

behauptet wird.

Zeit wird zu seinem wichtigen Gut

was meist in Arbeit investiert wird

um eine Zukunft zu haben

doch in der Zukunft

gibt es sie auch

die Zukunft.

So verliert man unbemerkt

das Eigentliche.

Zaman

Ah be zaman

ne zamandır yakamı birakmiyorsun

isterdim ki bazen durmanı

seni bazen durdursak

ve hepimiz zamansız kalsak

hayatta kalsak

ne dersin?

Ah be zaman

bizi biraz yanlız bıraksan

sen hiç kaçmasan, hep böyle kalsan

donuk ve anlamsız

hayatımıza ne güzellikler katarsın bu

sessizliğinle, bu durgunluğunla

Ah be zaman

sen kendine baktığında

neler görüyorsun

bizimi kendini mi?

Gel yanımıza

ama git yanımızdan

çok kalma tek bazen

göster kendini

canımızı alma

kal orda ki

sana bakayım doya doya.

Neu

Immer wieder

lässt man das Alte los

verwurzelt mit jeder Zelle des Gefühls.

Mit schwerem Atem blicke ich zurück

doch in dem Augenblick des Weitergehens

öffnet sich ein neuer Sonnenstrahl am Tor

und all das Neue kommt mir entgegen

mit seiner Gunst

und ein neuer Spalt in meinem Herzen

öffnet sich.

Berghöhe

Ich sehe mich auf einem großen Berg.

Um mich herum

höre ich den Wind rauschen

und spüre, wie sich alles schlagartig

verändert.

In mir und um mich herum.

Und immer wieder

sehe ich mich dort

in der Ferne

und höre einen fernen Ruf

für mich.

Doch dann spüre ich den Berg

in schwindliger Höhe

und den

Wörterregen.

Egal wohin ich schaue, es rieseln Wörter

wie Regentropfen

rieseln Geschichten

aus anderer Zeit

Gedanken

als ob sich eine Geschichte in den Höhen

und Nebeln der

Berghöhe

auftut

und sich schließlich für mich

entfaltet.

In mir und mit mir

auf Papier

in der Berghöhe.

Einzigartig

Nase, Mund, Ohren, Augen.

Doch trotz der selben

Komponenten

so einzigartig

vom Beginn der Zeit an

bis ans Ende der Zeit.

Steh auf

Steh auf, steh auf

erklimm den Fels

lass das Wasser vorüberziehen

lass die Berge in Freiheit beben

mit deiner Stimme.

Greif nach dem Stamm

der dich am Leben hält

umarme ihn mit deiner

ganzen Seele

damit auch du wieder

zu Hause bist.

Alter

Das Alter in seiner Tücke

ist die Schönheit des Lebenswinds

all das Leben zu wünschen

wenn die Uhr dafür schlägt.

Um zu altern, damit gelebt wird

das Unwörtliche.

Wenn manche singen

Wenn manche singen, singen sie nicht nur Worte.

In ihrer Stimme ertönt ihr Schmerz.

In ihrer Stimme wird der

unsichtbar versteckte Schmerz

nun endlich sichtbar.

Eine schmerzhafte Melodie

ertönt aus ihrer Seelen Stimme.

Ach wie viele haben schon so gesungen?

Geschrien aus voller Kehle

oder geflüstert

in ihrer Demüt und Kraftlosigkeit

geflüstert haben sie

kaum hörbar

die Worte ihrer Schmerzen

die sie wie Fische in ihrem Ozean

finden mussten

um sie zu verdauen

ganz alleine in ihrem Selbst

denn niemand außer sie

konnte diesen Schmerz

rausflüstern.

Heilige Welt

Immer wieder verschließt man die Augen

vor dem Schlechten

überbrückt sie mit guten Erinnerungen

lebt fort in einem unendlichen Schwall

von abgrundtiefer

Einbildung

nur damit sie nicht zusammenbricht

die heilige Welt

die aber viel weniger als das ist

doch warum lebt man so fort?

Weil es Unannehmlichkeiten gibt

deshalb.

beauty

Enjoy the beauty outside

the awakening of spring, the blossoming fields

the smell of warmth,

the laugh and love

around you.

Schlüssel

Bin ich ich oder

bin ich es nicht.

Bin ich alles oder bin ich es nicht?

Wer bin ich?

Alles zu geben und zu sein

das Vollkommenste

das gilt

und jeden Moment auszukosten

das bin ich

das will ich.

Zu schauen über jedes Dach

in jedes Herz

nur zu öffnen dich und mich

das ist der Schlüssel

eines

neuen Ichs.

Kämpfen

Fallen

kämpfen

kämpfen

kämpfen

innerer, altewiger Instinkt dieser Erdigen.

Immerzu sind wir einer Schlacht unterworfen

kämpfen uns durch

fallen

stehen

auf

fallen erneut

so oft

dass es nun untrennbar ist

von uns

ein Teil

im Kampf des Leben

der hervorsticht

bei der kleinsten winzigen Winzigkeit.

Feine fremde Erde

Seitdem wir fremden Boden betreten haben

haben wir uns ein zu Hause gebaut

aus neuer Hoffnung

Tränen an Erinnerungen

der Heimat.

In unseren Nüstern der Geruch von Bergen

und Tälern.

Das Lachen alter Zeiten

doch nun

ein neues Land mit neuem Leben

zusammenhaltend alles

Ehrwürdige

sind wir eingetreten auf neue

feine, fremde Erde.

Spektrum Leben

Ich sehe mich an so vielen Orten
Pforten so groß, ich kann sie nicht
orten
viel zu weit ist dieses Spektrum
Leben
immerzu sehne ich mich danach
zu geben, zu geben der
Menschheit etwas das brennt
tief in sie hinein, sodass jeder sie
kennt
jeder sie kennt die Wahrheit ihres
Lebens
jeder sie kennt die Wahrheit ihres
Gebens
dass alles verfädelt ist mit einem
bedachten Faden, der alles
verfädelt unbedacht des Schadens
um am Ende
zusammenzuschweißen, was einst
war weder mein noch dein
sondern uns allen gemein.

Klänge

So viel, wie ich Glück fühle
nähert auch die Traurigkeit sich mir
mit den Klängen der Musik.

Der Ausweg

Manchmal geraten wir in etwas hinein
einer Situation, die ausweglos
zu sein scheint.
Wir bekommen Angst und
werden ungeduldig.
Doch genau diese
Situation
ist der Ausweg.
Sie ist notwendig, um dich
zu deinem gewünschten
Ziel zu befördern.

Burg

Auf einem Berg befand sich auf
der Spitze eine Burg und die Burg
war die Spitze dieses Bergs. Und
die Spitze war des Burges Berg.
Und niemand konnte diese Burg
weder sehen
noch
erklimmen.

Weltlicher Albtraum

Die Welt schlägt einen Weg ein

der tief verankertes Gesetz aus den Wurzeln reißen wird.

Das allgegenwärtige Gesetz des Zusammenhalts

wird bald untergehen in dem unaufhörlichen

Streben nach mehr.

Und die Spitze wird spitzer

während der Untergrund sich ins

unermessliche ausweiten wird

und wir schließlich zurückkehren werden

zu unseren Ursprüngen.

You

All the people that we move

we move them

with what you have given us

we approach them with the love we learned

from you, from each other, from finding ourselves

while connecting while sharing

moments created by all of

us and

You.

Erfüllt

Für jeden ist das Leben anders
erfüllt.
Oder laufen viele durch das Leben mit der Einbildung erfüllt zu
sein.
Mit dem Gedanken alles richtig, ordnungsgemäß, den Ansprüchen
der Familie, den Menschen um uns herum entsprechend
gemacht zu haben

und deshalb
erfüllt zu sein.

Mit der Überzeugung das Schicksal habe es so gewollt

und deshalb
erfüllt zu sein.

Vieles bleibt im Herz verborgen. Dort verstaubt es. Verblasst. Gerät
in Vergessenheit. Wird verdrängt. Geht verloren. Taucht nicht mehr
auf. Passt sich an.

Für jeden ist das Leben anders

erfüllt.

One Person

One heart
same heart
as our heart
a part
a vital part
of us
of me
of my trust
I trust.

In every part of
Us.
To touch
to love
to give
to create
to inspire.

One person
one heart
same heart
a part
always a part
Of us
Of me
Of my trust

In dark or in light
in right or in wrong
in truth or in lie
I will breath out
Love for
Each of us
until I die.

Klarer Nebel

Menschen irren durch vereinsamte Straßen

andere befinden sich in einem Trubel

so undurchdringlich

wie klarer Nebel.

Sie wandern über hohe Berge, paradiesische Täler

sie schlendern durch einfache Dörfer

und rennen durch hektische Städte

alle wollen sie an dieselbe Spitze

wollen den Turm sehen

und hinunterschauen in die Tiefe

des Grauens

oben sein, jedoch gleichzeitig unten

zwiegespalten im Innern, doch so ähnlich

in der Art und Weise

unabhängig voneinander

so verschieden und doch so gleich

und immerzu werden sie fortschreiten

um etwas zu erreichen, das sie nicht kennen

um etwas zu suchen, was sie nicht finden

wie klarer Nebel.

Erinnern

Nichts kann so sein, wie etwas das schon war.

Alles unterwirft sich einer immerwährenden

Veränderung

die sich manchmal anschleicht

und sich manchmal laut ankündigt.

Man nimmt sie hin

wehrlos und tapfer

angstfrei und mutig.

Am Ende ist das Einzige

was bleibt

die Erinnerung

tief verankert im Gedächtnis.

Niemals soll sie schwinden.

So werden wir alt und schwach

Gedanken schweifen in die Vergangenheit.

Man ist erstaunt über das, was das Leben

ausmacht, vor allem die Unberechenbarkeit.

Still vor uns hersummend bleibt uns nur noch

das Erinnern.

Zeit

Manchmal bleibt die Uhr

stehen

alles schweigt

und alles lacht

lautlos unbemerkt

über die Zeit

die bestimmt und lenkt

und niemals stehen bleibt.

Dennoch bleibt die Uhr stehen

aber nur für die, die es wagen

zu vergessen

die Zeit.

are.

like rythm
always paint passion
create life by art
write harmony in colour
to approach music
open a song
to draw deep water
free the dusty picture
let balance
see
you feel
the blue paint
of more

white.

Zyklus

Jeder ist auf dieser Welt für

etwas berufen

für etwas bestimmt.

Wäre dies nicht so

könnte sich die Erde nicht drehen

so unbeschwert

im Einklang mit allem.

So wie jede Pflanze

jedes Lebewesen eine

Aufgabe hat, damit der

Zyklus dieser Welt

weitergeht

so hat auch der Mensch

eine Aufgabe in diesem Zyklus.

Es wird ihn immer geben

jeder wird ihm angehören

denn ohne ihn gäbe

es kein Leben

in diesem

Zyklus.

New Colours

Appreciate them all
in all their multitude
in all their colour
cause they will all colour you
to a new colour.

Des Lebens willen

Das Leben ist des Lebens owillen
der Farbe des Morgens
der Sonnenkristalle in der mondigen Nacht
und des friedhaften Zaubers von Wesen.

Anfang

Mit jedem Jahrzehnt

mit jeder

Generation

entsteht etwas Neues

dass zeitlich nicht nur vorantreibt

sondern

auch die Zeit zurückdreht zum

Anfang.

Freier Sitz

Eine alte Frau zart lächelnd wie ein

Kind zerbrechlich wie eine Feder

vom Leben gezeichnet sind ihre

Gesichtszüge, sachte ruft sie ihre

Tochter herbei, auf den freien Sitz

neben sich und wäre das Alter

unsichtbar, so könnte man denken

die Zeit zwischen diesen beiden

Menschen hätte sich nie

verändert.

Fern

Und voller Mut erblicken wir die Ferne

die uns rettet

und lassen los

schauen in die Tiefe

In uns.

Das Licht dringt nicht hinein

das Leben entweicht

und die Seele

ungewiss

Fort?

Eingeengt

dürstend

nach

Liebe.

Wege

Wege sind so verschieden

so individuell

es ist nicht einfach

einen neuen Weg

einzuschlagen

auf eigene Faust

den richtigen Weg

zu finden, ihn zu gehen

wenn es so viele gibt

Alleine.

Ende

Kennst du das

wenn du plötzlich aus deinem Leben

aussteigst und alles was du gerade

erlebst nicht mehr

erlebst, sondern

nur von Weitem anblickst

und in diesem Moment weißt du

das Ende ist für dich gekommen.

Du spürst keine Verbundenheit mehr

keine Zugehörigkeit

als ob die Nabelschnur dieser

Periode abgekoppelt wäre

und alles was du

fühlst ist geballte

melancholische Nostalgie

des Endes und die Angst

vor dem kommenden

unausweichlichen

Übergang

des

Beginns.

Gedankenregen

Meine Gedanken laufen mit dem Regen

sie laufen an mir vorbei

sie laufen entlang, entlang einer

verregneten Glasscheibe

verschwommen ist meine Realität

verschwommen die Scheibe aus

der ich hinausblicke

verschwimmen tun meine

Gedanken ohne zu schwimmen

lassen sie mich allein während der Bus

mich ruckelnd an andere Orte

und Zeiten bringt und mich dort

einem neuen Tag übergibt.

Gegensätze

Sinnlos wäre das eine ohne das andere

sinnlos das Leben

sinnlos die Menschen

Gegensätze brauchen einander

damit sie bedeuten

existieren

sind.

Gezeiten

Es ändert sich so viel im Leben

und manchmal

steht man unbeteiligt

daneben, sieht zu

und staunt.

Staunt über Gegenwart, Vergangenheit, Zukunft.

Unsere Gegenwart ist eine Gegenwart besonderer Art

wir formen sie.

Wir formen unseren Weg

nicht das Schicksal

nicht das Los

wir.

Wie forme ich meinen Weg

meine Seele richtig

in den Gezeiten

dieses Lebens.

Archiviertes Leben

Wenn man sein Leben

seine Stimmung

seine Gedanken

seine Gefühle

Hoffnungen

Ängste

Sehnsüchte

und vor allem die Lieder

jener Phase die man täglich gehört hat

auf Papier statt ins Gedächtnis

in ein Tagebuch packt

um seine Seele und sein Geist zu besänftigen

um zu sich zu kehren

ist es umso schöner

diese Bücher

unseres archivierten Lebens

eines Tages tatsächlich zu öffnen

um zu sehen

was uns in jener Zeit bewegte

sodass man die alte Musik hörend

eine unglaublich schöne

doch bittersüße Zeitreise macht

in die tiefsten verborgenen Zeiten

unseres Lebens.

Luftnot

Es fühlt sich so an, als ob ich

absichtlich und voller Absicht mir

die Luft zuschnüre, damit ich nicht

zurückfalle in etwas, das mein

Schicksal zu sein

geworden

scheint. Als würde ich

nur auf den

richtigen Zeitpunkt warten

um die

Leinen, die ich mit aller Kraft halte

loszulassen.

Kindliches Alter

Unbemerkt altert man viel zu schnell

doch bleibt das kindliche Gemüt

gibt es kein Alter.

So viele unentdeckte Geschichten

sorgsam verborgen

in dem Meer von Menschen

denen wir überall

in jeder Epoche unseres Lebens

begegnen.

Hochhaus

In einem Hochhaus der Menschen

voll Türen und Fenster

sind Menschen hinter Türen und

Fenstern, doch sieht man nie die

Menschen, sondern Türen und

Fenster, sie wirken wie Ameisen in

einer zu großen Welt aus Türen

und Fenstern.

Zeichnet der Mensch das Leben

oder wird er vom Leben

gezeichnet?

Kindliche Unschuld

Ich schaue auf die kleinen
unschuldigen Hände
eingemummt
in schwarzweiße Handschuhe.
Die Kapuze von seiner braunen
Jacke über den Kopf gezogen
schaut er zu mir hoch
mit seinen dunklen Augen.
Er setzt sich ruhig auf die
nasse Bank neben mich.

Wie unschuldig

du doch bist denke ich und

wünsche mir, du würdest immer

so bleiben können

so rein und unberührt

von dieser Welt

von Kummer und Schmerz

von all den Schwierigkeiten

dieses Lebens.

Ich wünschte du würdest niemals

erwachsen werden.

Unterschiedliche Welten

Tatsächlich leben wir in einer Welt voll

unterschiedlicher Welten

denn so unbekannt und verschieden

sind die auf diesen Böden residierenden Leben.

Flüchtig

Manchmal spüre ich in mir

eine ganz warme Brise

ein Licht

leuchtet irgendwo auf

in mir

fern.

Ich erhasche ein Gefühl

von Hoffnung unendlicher

Liebe und einfühlsamer Ruhe

ich spüre es überall in meiner Seele

für einen ganz kurzen Augenblick

bevor es fort ist

und ich mit dem traurigen

bitteren Nachgeschmack des Verlustes

in meine Ferne schaue

doch in diesen Momenten weiß ich

dass es da ist

und ich irgendwann dieses Gefühl

vollständig auskosten werde

in seiner reinsten Form.

Halt

Ich wünscht du würdest niemals
bitter werden oder enttäuscht von
Menschen die dir nahe stehen
niemals würde dir dein Herz
brechen, nie würdest du allein
gelassen werden.

Doch diese Welt
ist schwierig und du wirst oft fallen
und oft weinen, schöpfe dir
Kraft daraus und sorge dafür,
dass du die, die du liebst, mit einem
Mantel der Liebe umgibst und sie
schützt.
Sei ihr
Halt
an dem sie sich
festhalten.

Life

Life
magic and greatness

Life
song full of beauty and love

Life
a challenge everyone has to cope with

Life
an adventure
so exciting
so extraordinary

Life
your world, your song, your challenge, your adventure.

You.

Farbige Seiten

Ein Buch
mit vielen Seiten
Seiten mit viel bunt
viele bunte Seiten
bunt, weil jede Geschichte
eine Farbe hat.

Manche kennen sie schon
jeder kennt manche Farben
weil sie allgegenwärtig sind
in unserem Leben.

Sie gehören einfach dazu
jeden Tag
jede Stunde
jede Sekunde.

Manche kennen sie noch nicht.
Es sind neue Farben
sie sind neu kreiert
aus meinem Leben.

Es sind meine
Farben.

Das Auge muss sich erst
einmal daran gewöhnen
An diese neuen
farbigen Seiten

die bunt sind um
sich zum ersten
Mal zu zeigen

in einem Buch
mit vielen Seiten.
Seiten mit viel bunt
viele bunte Seiten
bunt, weil jede Geschichte
eine Farbe hat.

Tunnelblick

Ich bin in einem Tunnel

und der Tunnel fährt durch helle Bäume

links und rechts sehe ich Gelb

ein sattes Grün strahlt durch sie hindurch

ich sehe mich am Ende dieses

hellen Tunnels

müde, erschöpft, kraftlos

lege ich mich auf den dunklen Boden

meine Worte vergehen

mit jeder unausgesprochenen

Silbe im Nichts

sie schälen sich von mir ab

sie verwelken sich

das Sonnenkind

und ich winke mir selbst zu

von der anderen Seite

mit einem teuflischen Grinsen auf meinem Gesicht

Manchmal helfe ich mir auf

tröste mich fürsorglich

die meiste Zeit aber

schaue ich mich nur an

wie ich selber mein Licht

ausschalte um nicht zu sehen

dass der Tunnel durch helle Bäume fährt.

Buchstaben der Fantasie

Geschichtenwörter

So viele Worte sprechen wir jeden Tag.

Kann man all diese Worte

einpacken und verpacken und auf

Seiten eines Papiers packen

schreiben auf verbräunte Seiten

von Büchern und daraus

abertausende Geschichten formen?

I took a look

I took a look in my book before
starting to write the words
pounding in my heart so
impatiently for several nights
waiting to be freed from my mind.

I took a look in my book before
softly and carefully
turning every
page that evokes vivid memories
of my past.

The birds are singing the songs of
the morning, morning light shining
through my window while the fresh
cold air of the fall morning gives me
Life to breathe.

Meine Geschichte

Ich sehe dich, wenn ich aus Fenstern blicke.
Welche Fenster?

Überall, wo es Fenster gibt.
Meistens im Bus, meistens im Zug.
Meistens höre ich dich,
ich höre dich
in unterschiedlichen Sprachen.
Sprachen, die ich aus meinem Leben kenne und
manchmal auch nicht kenne, weil sie mir in einer
neuen Lebenssprache begegnen.

Überall, wo es Musik gibt, sehe ich dich
je nach Musikrichtung sehe ich andere Bilder
aus deiner Vergangenheit und Zukunft.

Du bist es
du bist eine Geschichte
die mich findet
egal wo ich bin.

Aber meistens schleichst du dich zu mir
wenn ich müde bin und erschöpft
und keine Zeit habe dich vollständig
zu greifen und auf Papier zu bringen.
Dann setzt du dich neben mich und
vermischst dich mit meiner müden Ruhe
verbreitest dich in meinen Sinnen und
katapultierst mich in eine andere Zeit
dessen Teil ich werde, bevor du dich
wieder schnell verflüchtigst.

Und wenn ich dann Zeit habe und auf dich warte
bist du nie da.

Du kommst nur dann, wenn du willst
niemals wenn ich dich rufe
und deshalb bist du so besonders
denn du bist meine Geschichte
und meine

Inspiration.

Klopfen

Es klopft erneut an der Tür.

Schon seit Tagen klopft es an der Tür.

Wo ist der Schlüssel, um sie zu öffnen und

sie hineinzulassen

sie festzuhalten?

Festzuhalten in meinen Handflächen

um sie dann sanft auf Papier zu streichen

und sie zu verorten auf dieser Welt.

Die Gedanken, die als Bilder

vor mein Auge treten und eine Geschichte

formen, viele unzählige Geschichten

des Lebens aller Schmerzen und aller Freude

so viele Farben, dass ich sie nicht mehr sehen kann

nur noch fühle, dass sie sich färben in meinem Gedächtnis

dabei mich anblinzeln und aus dem Nebel herauswinken

so taufrisch

dass ich spüre

ihre frühlingshaften Tropfen auf meinen

heißen Wangen

heiß vor Starre

die Kühle der lebendigen Geschichte erfrischt

meine Sinne

bis meine Augen hinauswandern und all das sehen

was es schon immer gegeben hat, nur in anderer Form.

Lebensworte

Wie kann alles Gedachte und
Gesprochene von Gott
erhört und gewusst
werden. Abermillionen von
Menschen mit Abermillionen
Lebensworten ausgesprochen
und unausgesprochen
gedacht in den unterschiedlichsten
Formen unvorstellbar vielfältig
wie unser Leben
für immer verewigt in Gott.

Ein Buch

Zahlreiche Seiten
blank und grau
alt und schwer
versteckt
aufbewahrt
wie ein edles Gut
in einem Haus
aus warmen Holz
und offenen Fenstern.
Ein Buch, wenige Seiten.

Wenige Seiten
bunt und beschrieben
neu und leicht
präsent
aufbewahrt
offen zugänglich
wie ein besonderes Gut
in einem Haus
aus vielen Büchern
und geschlossenen Fenstern
Ein Buch, viele Seiten.

Artists of Life

We are all Artists
Artists
of the life

we create.

We are all Artists
Artists of
life.

Gedankenblitze

Zahlreiche Geschichten finden

immer wieder Zugang zu mir

durcheinander und wirr suchen sie

meine Nähe und Aufmerksamkeit

doch immer wieder muss ich sie

verscheuchen und aufsparen für eine

geeignetere Zeit. Einer Zeit

in der ich mich nur ihnen widme

ihnen und ihrer Entfaltung, ihrer

Wirklichkeitswerdung von bloßen

Gedanken zu einer Schrift, die

jeder verstehen kann. Ich warte die

richtige Zeit ab, um sie aus ihrem

Versteck zu holen und sie

sprechen zu lassen

durch mich.

Liebe

Sie

Sie schaute ihm lange und
eindringlich in die Augen
Sie hatte ihn niemals
vergessen.

Innerer Schrei

Mit einem Stich in der Brust

schlafe ich ein

mit einem Schrei auf den Lippen

wache ich auf

und starre in die Leere.

Hinein in meine Leere.

Unwissend, wie ich diese Wunde

wieder heilen soll.

Wie soll ich dich vergessen

wie soll ich dich loslassen

wenn alles, was ich bin

umgeben ist mit dir?

Schmerz

Sie schaute ihm lange hinterher.

In ihrem Kopf und Herzen wirbelten

hunderte Gedanken.

Ihr Herz

brannte vor Schmerz.

Gefangen

Etwas hält mich fest.

Bist du es?

Hältst du mich fest, weil du die Antwort schon weißt

die auch in mir Wahrheit findet?

Dass meine Seele gefangen ist

von dir.

Olmayan olmuyor

Ah be kalbim
sen neden hep olmayan şeylerin arkasından koşmayı
birakmazsın

bu hayatdır
bazen herşey senin istediğin gibi olmuyor işte.
Hem sen beni her seferinde çok üzüyorsun

gecelerimi uykusus
gönlümü boş
gözlerimi yaş
birakiyorsun.
Lütfen israr etmeyi birak!
Bazen iki insan birbirine kavuşamiyor
neden diye sorarsan da

bu hayatdır derim sana.

Bazen herşey senin istediğin gibi olmuyor işte
bunun suçlusu da ne sensin ne benim
ne etrafımısdaki aşka karşı çıkan insanlar

olacak sey çünkü

hiçbir zaman etrafımızdaki insanların

tepkisine bağlı değil

senin sesine de bağlı değil

bizim çabamıza da bazen bağlı değil.

Ah kalbim

lütfen israr etmeyi bırak!

Bu hayatdır ve

bazen herşey senin istediğin gibi olmuyor işte.

Cigarette smoke

I would give anything to

see you again. But instead

I look into the dark colour

of the night and up to the sky

while my cigarette smoke

becomes one with the smoke

becomes one with the cold

and freezes this longing heart.

Sie

Sie schaute ihm lange und

eindringlich in die Augen

Sie hatte ihn niemals

vergessen.

Wie auch

er war die einzige Person

die sie wahrhaftig

wortlos

mit seinen Blicken

geliebt hatte

mit seinen

blauen Augen.

Er hatte sie in seiner

Seele umarmt und nicht mehr

losgelassen.

Und auch sie hatte ihn

niemals

losgelassen.

Lange

hatte sie ihn nicht mehr gesehen,

doch er war ihr nie fern gewesen

immer in der Nähe

immer da.

Der Richtige

Unter all den Menschen

woher weiß man, dass er der Richtige ist

für den Rest des Lebens

dass er niemals aufhört zu lieben

dich so wie du bist

dich so wie du wirst.

Illusion

Es ist so ein tiefgreifender Schmerz

dass selbst tausend geschriebene Seiten darüber

in allen Worten und allen Wortkombinationen

nie dafür ausreichen werden

diesen Schmerz in mir zu lindern.

Nie wieder scheint mich dieser Schmerz loszulassen

als ob ich nie davon frei sein werde

für immer gefangen in einer Illusion, einem Schein

und einem fernen, wohltuenden Gefühl von Liebe.

Ankommen

Glaubst du

dass ich irgendwann da ankommen werde

wo du gerade bist?

Vielleicht bist du dann nicht mehr da

wo du gerade bist, sondern irgendwo anders.

Ich aber genau da, wo dein Leben jetzt zu beginnen scheint.

Manchmal schaue ich nachts in die Dunkelheit

und frage mich

wann ich auch das Leben

wieder fühlen darf und

ob ich dem Leben jemals wieder nach dir begegnen werde

oder ob ich sie mit dir für immer verloren habe.

Weißt du, ich weiß, dass du in ihr die Liebe gefunden hast

nachdem sie an mir abzuprallen schien.

Das hat an mir gelegen,

werfe ich mir immer vor.

Ich werfe es mir vor

weil ich glauben möchte

dass ich diejenige war

die es verhinderte, geliebt zu werden.

Horizont

Ich habe immer jemanden gesucht
mit dem ich den frischen Wind auf der
Haut spüren kann
spazieren auf taufrischen Gräsern
einatmend die Natur
Berge voller Leben
Nebel voller Weiß
Leben voller unendlicher Nähe
und das Herz pochend, die Wangen gerötet
in die Ferne blickend mit vielen Worten
flüstere ich nun hinaus die Worte, die für dich sind
für dein Herz
dass mich liebt und
Worte für mein Herz, dass
dich liebt, die aber für immer in dir bleiben
in dieser atemraubenden Unendlichkeit des
natürlich immensen Lebens.
Ganz oben
am Horizont.

Deine Stimme

Wenn du singst, möchte ich deine
Seele sehen können. Ich möchte
mich in deiner Stimme hören und
mit deiner Stimme möchte ich
singen und jedem die Geschichte
von uns erzählen. Eine Geschichte
die in zwei verschiedenen Welten
ihren Lauf fand.

Wie schön ist es

Wie schön ist es
jemandem das bittere Herz zu öffnen
und zu erleben die Strahlen
leuchtend ihres ersten Lächelns
ihres ersten Liebens.

Wunsch

Immer will ich umgeben sein

von einer Liebe

die mein Herz erblühen lässt

in allen Farben dieser Welt

dass die Sonne mir das Leben zeigt

in jedem Augenblick

dass das Licht mich in seinem

Glanz erstrahlen lässt

dass ich für immer Eins bin

mit Allem.

Kannst du?

Kannst du dich in mein Leben

stürzen und einen Weg zu meinem

Herzen finden, es umarmen und die

zerrissenen Stellen flicken? Kannst

du dich in ein Leben integrieren

das so anders ist als deins?

Doch am allerwichtigsten ist

kannst du

dich darin wohlfühlen?

Leerer

Leere Bilder, leere Freunde

leere Straßen leere Häuser leere Liebe

leeres Essen leeres Trinken leerer

Funken leerer Himmel leerer Schlaf

leerer

erscheint alles in diesem lebhaften Leben voller vergehender Leben

wenn du aus diesem Leben scheidest.

Ungezwungene Liebe

Ich warte auf eine Liebe

die du mir gezeigt hast

die du mir hast geben können

ohne dich anzustrengen

nur mit den Augen

und ihrem Leuchten

darauf warte ich

auf diese Art von Liebe

mit dieser Art von Blick

mit dieser Art der

Ungezwungenheit.

Kitap sevgisi

Bin türlü hikayeleri yaşamış
binlerce kelimelere bakmış, islemiş
yanına almış, yanından ayırmamış
sevgisini vermiş, can yoldaşı
yapmış
binlerce kelimeyi
hayatı anlatan kelimelerle hayatı
anlamaya çalışarak anlamış
gerçek aşkı
o düşünceli kelimelerin arasında
bulmuş kendisini
kelimesiz kalmış
o aşkı ve kelimesiz düşüncelerini
değerli biyere saklamış
zamanı geldiğinde
aşkı
bu sefer gerçekten okumak
ve sonunda bulmak için.

Das Herz sieht

Es ist wahr, dass du mir gezeigt hast
wie wahre Liebe sein kann
Liebe
die sich in meine Seele
einbrennt sodass ich sie nie wieder
vergesse, sondern für immer
danach suche
die aufrichtige, liebevolle Liebe
die
nicht der Mund
sondern die Seele spricht.
Ist es so, dass ich den Ozean
überqueren musste, um
genau das zu lernen?
Dass nur das Herz
sieht und das Auge spricht über
alle Sprachen hinaus
dass du für mich wahrhaftig
irgendwo
dort draußen
existierst.

A full heart

My heart hasn't felt this healed
this full
this on fire with life
in a long time
I am so happy for the purpose
of every minute
of every day.

Herz

Hebst du mir ein Herz auf?
Mein Herz oder dein Herz, ist ja dasselbe.

Elim kalbinin üzerinde

Elimi kalbinin üzerine koysam

hissetsem senin kalb atışlarını

görsem senin o mahsum

yüzünü

dokunsam senin gülümsemene.

Als ob

Als ob ich etwas weiß von dir

breitet sich etwas in mir aus

als ob ich dich in der Zukunft

erahne

und Gewissheit habe über das

was es noch gar nicht gibt.

Verwundbar

Ich hatte mich euch geöffnet

mein Herz zum ersten Mal

nach langer Zeit wieder

verwundbar gemacht

und nein, es war nicht mit Schmerzen verbunden

im Gegenteil, dieses Durchbrechen der Mauer

hat mir Leben gegeben, trotz der Angst

trotz des Brechens

hat es mich erfüllt mit undurchdringlicher

Liebe und Wärme

die so groß und sanft war

dass ich jeden damit bemalen wollte.

Ungekühlte Narben

Eingebrannte Narben.

Wie kann ich sie kühlen

wie sie heilen?

Kein kühles Wasser kühlt

diesen brennenden Schmerz.

Ich wälze mich hin und her

kann mich kaum mehr fühlen

in dieser schlaflosen Nacht

rote Narben

keine Linderung in Sicht

immer röter wird das Rot

immer lauter mein Schmerzensschrei

warum ist das Wasser nicht kühl genug?

Fühl, wie es brennt, fühl wie es schmerzt.

Langsam schließt sich die Wunde

und verheilt.

Sie blutet schon lange nicht mehr in Rot

nur Rot bleibt

als eingebrannte Narbe

und niemand kann sie kühlen.

Unerhofft

Ich ging durch die verglaste Tür

und stieß mit dir zusammen, nicht

mit dir, sondern mit deinem Angesicht.

Nicht mit deinem Angesicht

mit deinen Augen und

meinen Augen, die sich

begegneten bis ich etwas fühlte

dass ich seit langem nicht mehr

gespürt hatte

das war mein

Herz, das da laut aufsprang

und sich

schleichend zu erkennen gab.

Durchsicht

Außen zerbrochen

innen gekränkt

so viele Möglichkeiten, um die

Ferne zu erreichen und sie zu

sehen.

Ich sehe sie auf dem goldenen

Ring, dass sich um deinen Finger

wickelt.

Ich sehe deine Gedanken,

deine Zerbrochenheit und dein

Gekränktsein in deinen

Augen, die vernarbt und so

aufrichtig sind, wie dein bisher

geführtes Leben. Ich sehe deine

Reinheit und Ehrlichkeit

in dem tränenden Meer deiner blauen

Augen und deinem vorsichtigen Lächeln

dass du versucht zu verbergen

hinter verschlossenen Augen.

Wiedersehen

Wie oft habe ich in die Sonne
geblinzelt und gespürt, dass
der Tag bald kommen wird
an dem du in mein Leben
trittst.

Und wie oft habe ich in die Nacht geschaut, nur
um mir einzugestehen, dass dieser Tag nie kommen wird.

Augenblick

Unsere Geschichte fing damit an,
dass ich in deine Augen sah und
du in meine und sich eine
unendliche neue Welt auftat, die
wir beide noch nicht kannten.
Ich versuchte durch die
lichtdurchströmte Nacht zu sehen
und alles, was ich sah war
entweder das Licht oder die
Nacht.

Vergessen

Irgendwie dauert diese ganze Sache doch zu lange.

Wenn man wirklich will
vergisst man doch
verdrängt man doch
und schließlich

lässt los.
Eigentlich
ist die Zeit dafür doch auch schon
reif.
Aber warum geht es nicht?

Dummes
beharrliches
unstolzes
unwissendes Herz.

Blühen tut mein Herz

Blühen tut mein Herz nicht mehr

soll es auch nicht.

Das Herz entzweit mich, zerreißt mich.

Unnütz bin ich nun.

Am Abgrund liege ich nun.

Am Leben ist keiner. Meines Ichs.

So stürzen Seelen.

Ins Wasser. Ins unendlich tiefe Blau. Das.

Weckt mich schließlich.

Blühen tut mein Herz nicht mehr.

Soll es auch nicht.

Moment

Und plötzlich

in dem ungünstigsten

Moment

begegne ich einer anziehenden Seele

aber

wie soll das funktionieren?

Wie kann ein Herz

für ein längst erobertes und mit

Liebe gefülltes Herz schlagen?

Warum kann ich es nicht abwenden?

Mein Herz neigt dazu

gebrochen zu werden.

Für Dich

Ich löschte mich aus diesem Leben

nur um dir zu entkommen

doch ich war immer noch hier

dagegen konnte ich nichts tun.

Tun konnte ich einfach nichts mehr

um dir zu entkommen.

Ich löschte mich aus meinem Ich

nur um dir zu entkommen

oder vielmehr dem Gefühl zu entkommen

der nur zu dir gehören schien und mit dir

in mir lebte.

So zerstörte ich alles, dass einst mir gehörte

damit meine Gedanken nicht mehr

dir gehörten.

Ich löschte das Leben in mir

um nichts mehr zu spüren

jemals wieder

etwas

für

dich.

Versteck

Verstecken möchte ich

mich

mein Herz in dieser Welt

keinem

zeigen

keinem geben

keinem öffnen

für immer

stark

für immer

ungebrochen

voller Liebe

und voller Hoffnung

bewahren

dieses liebevolle Herz

im gepolstertem

Versteck meines

zurückgestellten

Lebens.

Puzzlestücke

Ich suche nach Puzzlestücken
Hinweisen auf der Suche nach dir
mein Schicksal versuch ich zu
entschlüsseln, Bruchstücke aus
meiner Erinnerung gehören mir
zusammenzufügen um dich
zu finden, zusammenzufügen um
mich zu binden in ein neues Leben
dass es gibt für mich nur nicht
jetzt, sondern irgendwo in ferner
Zeit, sodass mein ungeduldiges
Herz schreit in mein düsteres Ich
hinein.

Lächeln

Ich wünschte ich könnte dich

stundenlang hinausschreien

bis du mit meiner Stimme

zusammen verschwindest

und dich nie wieder als

Schmerz

sondern

als

harmlose Erinnerung

zu mir schleichst

und mir statt

Tränen

ein Lächeln

aufs Gesicht zauberst.

Aufgefangen

Ich möchte, dass jeder

den Wind des Lebens

spürt das Gute einatmet

mit all den Menschen, die er liebt.

Ich möchte, dass ein Blatt vom Baum fällt

und aufgefangen wird

von einer liebenden Hand.

Wie ein Mensch, der von

Gotteshand

aufgefangen wird

wenn er seinen Weg verliert.

Liebe ist

Wenn man Liebe spürt

ist es wie

Balsam für die Seele.

Liebe bereinigt

sie heilt und erneuert

alles Leben alle Wesen

alle Wunden.

In ihr erfahren wir das Dasein

Gottes und seine alles

bewältigende Kraft.

Liebe ist göttlich

in ihr erkennen

wir Funken der Göttlichkeit.

Wir erkennen Wahrheit und

für einen kurzen Moment

auch den Sinn des Lebens.

Liebe ist, wie das Wasser zum

überleben, wir brauchen sie

jeden Tag, manchmal in kleinen

Schlücken, manchmal in großen.

Manchmal vergessen wir die Liebe
und vergessen sogar, dass wir sie
vergessen haben.
Doch wenn wir sie trinken,
fühlen wir uns besser und belebt
Als hätten wir gerade
die Leere geschlossen
die sehnsüchtig
nach ihr
gedurstet hat.

Ohne Liebe verwelken wir.
Sie ist unser Wasser
unsere Sonne
unser Lebenselixier.
Nichts kann sie
ersetzen.
Sie lässt uns blühen.
Ohne sie
verwelken wir.

Reisen.

Reise

Ich sehe mich auf einer großen
Wiese und Blumen regnen auf
mich herab
während mein Herz
laut lacht und mich mitnimmt auf
eine neue Reise.
Meine Reise
beginnt auf Grün und Gelb und
weitet sich hinaus, hinaus in fernes
schönes Land mit den endlosen
Wolken und laufendem Blau ins
himmlische Wasser.

Zug

Der Zugwind fährt mir sanft durch
die Haare, Menschen aus allen
Richtungen blicken auf den einen
Zug
der riesig vor uns steht.

Fahren wir alle zusammen in die
selbe Richtung mit dem
Zug
doch verschlägt es uns in andere
Richtungen.

Schwelle

Ich schaue über die Schwelle.

Beeindruckt, was ich sehe.

Eine andere Welt in unserer Welt.

Anders die Natur

vielfältig die Kultur.

Ferner

Wenn mein Blick sich in die Ferne richtet
ergreift mich das unendliche Freisein
von allem.

Mit jedem Atemzug
spüre ich meine Seele sich weiten und öffnen
einer seltenen Welt, die nur wenige kennen.

Mein Herz pocht rasend gegen ein kräftiges
Eisentor
verrostet vom Alltag

aber in diesem Moment schmilzt das eisige Tor
zu Glück
und füllt jede Ader meines Leibes
mit Leben.

Lebensgeschichte

Im überfüllten Bus blicke ich in
überfüllte Gesichter
mit Sorge über ihr Jetzt und Morgen.
Sie erzählen mir eine Lebensgeschichte
die ich kenne.
Von außen gehöre ich Ihnen nicht an.
Von außen sehen sie mich als Jemanden
ohne Lebensgeschichte.
Doch ich teile sie.
Ich teile dieselbe Sorge
dieselbe Sehnsucht nach einer
unbeschwerten
Lebensgeschichte.

Hayat Işığı

Bazen bir insana baktığında
onun gözlerinde herşeyi görebilirsin
hayatla olan mücadelisini
kendisiyle olan savaşını
vicdanıyla olan boğuşmasını
güçsuz kalan bedenini
herşeyden bıkmış olan yüzünü
kalbine sakladığı tüm kederlerini.
Sanki içinde o hayat ışığı
sönmüş gibi.

Auf dem Weg

All die Herzen

die ich eingesammelt habe

auf meinem Weg.

Wie schwer war es

sie fortzulassen

sodass jeder einzelne Blüten schlägt

und sich der Sonne entgegenstreckt

damit die Faser sogar spürt

dieses Wunder.

Eingehaucht

So viele Seelen eingehaucht

in ein Leben von Substanz

im Einfluss von dieser heutigen Zeit

geformt über die Jahre

verändert, angepasst

nicht angepasst

herausgestochen

untergraben

emporgewachsen

in unterschiedliche

Gedanken

Lebensformen

Spuren meines Ichs.

Auf meinem Weg

zurückgelassen

Stück für

Stück abgegeben

Gleichzeitig

neues

inspirierendes

aufbauendes

buntblühendes

von anderen

eingesammelt.

Ort

Man begegnet vielen

überall

von überall

oft führt der Faden zu

einem Ort

wo man sich erneut begegnet

und sich wiedererkennt

in der alten

neuen Begegnung.

Güte

Ich sehne mich nach dem reinen, warmen
und aufrichtigen Menschen.
Es gibt Menschen
deren Reinheit der Seele ist so undurchdringlich
das Herz so warm und so nah
ihre Liebe so aufrichtig und echt
nur selten bekommt man sie zu sehen.

Gottes Gesandte auf Erden scheinen sie zu sein
nicht ein Zug der Bosheit ist zu erhaschen
in ihrem kindlich zarten Gemüt
pure Wahrheit strahlen sie aus
unbefleckt von den ausartenden Trieben
des neuen Menschen
der sich verliert in seinem eigenen Sumpf des
Verderbens
und vergisst
was eigentlich sein Dasein ausmachen sollte.

Spirituelle Geschichten

So viel Spiritualität habe ich in letzter Zeit
in meinem Leben, in mir und in meinen
Gedanken erlebt.

Alles fügt sich im Leben zusammen
Die Zeichen sind überall.
Überall, wenn wir nur danach suchen
lauern Zeichen.

Alles nun scheint seinen Grund
Sinn und geordneten Zweck zu haben
Jeder einzelne hat eine Geschichte
zu erzählen
eine Geschichte zu leben
zu lernen und zu lehren.

Rauchende Köpfe

Rauchende Köpfe sitzen

nebeneinander

der Eine denkt an

das, der Andere denkt an dies

dies und das raucht in den Köpfen

der Einen und Anderen

niemand spricht was aus

sprachlos blicken sie in die Ferne

am rauchenden dies und das der

Anderen vorbei in ihre eigenen

Gedanken und vergraben sich in die

Stille der Anwesenden.

Offene Augen

Wir treffen unendlich viele unserer Art

im Leben

tagtäglich

für kurze

oder lange Zeit.

Manchmal im Zug

nebeneinander

im Aufzug

nebeneinander laufend eine Sekunde

Blicke wechselnd

doch alles davon ist verschwommen

verschwimmt im Ozean unserer Umgebung

es sei denn, wir schwimmen

mit offenen Augen.

frei

Ich bin frei.

Ich kann alles das tun

wonach sich mein Herz sehnt.

Gezdin mi hayatını?

Sen kendini bu hayatta hiç görebildin mi?

Senin sıcaklığını hissettin mi?

İnsanlarda yarattığın o güzel duyguyu

sen de hiç tadabildin mi?

Gezdin mi hayatını?

Yoksa hep uzakta mı kaldın

uzaktan mı baktın

soğukta, karanlıkta

sevgizislikte mi buldun kendini?

Gitme, ne olur

gitme ve tat şu hayatı

kısa bir süre için olsa bile

tat kendi hayatını.

Herz voller Farbe

Nur wenn dein Herz voll ist, kannst
du darin Kunst und Kreativität
entdecken, dich in vollen Zügen
austoben und in ihrer Farbe
baden, deine Hände in der Farbe
färben, die in dir erstrahlt. Eine
Farbe, die bis in den Himmel reicht
eine Farbe, die bis in jeden Winkel
eines jeden Herzens ihre Farbe
findet.

Fern und nah

Eng umhüllt in Gedanken des

Lebens und

Liebens

so tiefgründig und innig

dass alles, was vielen

fern

ist, ihr

nah

erscheint

mit farbenvoller

Pracht.

Eigene Schrift

Eine wunderschöne voll Liebe

Ruhe und Verständnis erfüllte

Zeit, die mir zeigt, dass

sich das Leben so entfaltet, wie wir

es aufschlagen. Schlagen wir jene

Seite mit Liebe und Zuversicht auf

oder mit Verbitterung und Zorn,

mit Verständnis und Geduld oder

mit Egoismus und Eitelkeit?

Das Leben ist ein Buch

dessen Seiten

mit unserem Ich geschrieben und

gekoppelt sind.

Es offenbart sich

immer

in unserer

eigenen Schrift.

Film des Lebens

Manchmal wünschte ich das Leben

hätte Hintergrundmusik und

meine Gedanken würden laut

lesen alle Szenarien in

meinem Kopf

Bild

fassen

und alle Fragen sich mit

Melodien vermischen.

Im Takt

So wie ich hier sitze

sehe ich die

Windräder sich drehen

sich drehen

in einem Bild des Zugfensters

gefangen.

Musik ertönt in meinen

Ohren, im Takt drehen sich die

Windräder

im Takt dreht sich mein Leben

in einem Zugfenster zusammen

mit den

Windrädern

im Takt.

Gesichter

unzählige Gesichter aus
verschiedenen Geschichten
so viele Geschichten
nicht ablesbar aus ihren
Gesichtern.

Geheilt

Ich sehe wie die Sonne durch das
Zugfenster scheint und ich kann
sagen, ich bin geheilt.
Mit voller Seele kann ich sagen,
ich bin geheilt, ich bin geheilt
ich bin geheilt
von einer
Liebe, die ich einst fühlte.

Abschied

Neigt sich am Ende

der Anfang dem Ende zu

oder das Ende dem Anfang?

Eine Zeitspanne, die einem

ein Leben lang

vorkommt.

Ich stehe auf einem Turm

Und blicke auf das Erlebte.

Bunte Bilder

tun sich auf und

verewigen sich in Stein

und in der Ferne

Abschied.

Erinnere dich

Erinnere dich, warum du hier bist.
Lass es dir von niemandem
nehmen.
Genieße den Moment

Wer weiß, wie lange du es
noch genießen kannst.

Erinnere dich an das Lächeln
an all das
was dich damals
inspiriert hat
und lass es ein Teil von dir sein.

Versuche niemanden zu
beeindrucken.
Beeindrucke nur dich selbst
der Rest kommt von alleine.

Es wird so wundervoll werden

Du sitzt davor und starrst auf sie

so viele unterschiedliche Menschen

voller Liebe und Elan

eine unbeschreibliche Mischung aus ihnen und dir

denn du bist aus ihnen erwachsen

in deinen Ohren ertönt so schöne Energie

willst du Mein werden?

Du sitzt vor der Zeit, die kommen wird

doch siehst

es wird so wundervoll werden, wenn diese

Kombination an Menschen

in die Welt hinaustritt

um Menschen zu berühren

am meisten dich.

Du blickst sie an

hörst mit liebevollem Blick zu

denn du weißt

ihr Wesen und ihre Leidenschaft

wird dein Leben für immer

verändern.

Orientalische Melodien

Ich treffe auf einen Araber, er
summt vor sich hin wie in Trance
eine orientalische Melodie.
Ich sitze auf den Holzstufen vor
dem Fluss ist ein schöner Tag
er setzt sich zu mir und wir
beginnen zu reden.

Er spricht nur Englisch
und erzählt mir, wie er nach
Deutschland flüchten musste
und dass er seine Familie vermisst.
Er erzählt mir von Gott und seinem Glauben
und einem Mädchen, dass er sehr
liebt und wahrscheinlich nie
wieder sehen wird.
Es bricht mir das Herz.

Er sagt mir ein arabisches
Gedicht auf.
Es ist so melodisch
wie ein Lied
übersetzt er es für mich.
Ich bin gerührt und inspiriert.

In diesem Moment kann ich nicht erahnen
das Wiedersehen
an einem Wendepunkt meines Lebens.
Ich rate ihm nicht mehr alleine zu sein
neue Bekanntschaften zu machen
zu lernen anderen zu vertrauen.

Das nächste Mal, wenn ich ihn sehe
ist er umgeben mit neuen
Freunden trotz der kulturellem Unterschiede
trotz der Herkunft
trotz der Angst
gebrochen zu werden.

Schaubar

Obwohl alles undurchschaubar
erscheint, ist es doch
durchschaubar, nur nicht für
unser Auge.

Schaubar ist alles in uns
im Universum
sum sind wir in allen
Versen, die wie ein Netz immer zur
richtigen Zeile führen und eine Uni
bilden in unserem Gedicht.

Finden

Finde dich

finde dich überall

überall wo du siehst

wo du spürst

spüre immer das Gute, um zu

bleiben.

Bleibe

bleib, so lange du kannst

und atme, atme all das Gute

um zu sehen, um alles zu sehen

das du sonst nicht siehst.

Langsame Jahrzehnte

Jahre sind nun vergangen

aber Jahre sind in dieser Zeit

wie Epochen

Jahrzehnte

so schnell ist der Schritt der

Veränderung.

Der Fortschritt hat sie gefangen

das mehr Streben hat sie gefangen

Handschellen und Ketten gelegt

für mehr haben sie nun weniger

für schneller haben sie nun

langsamer.

In the morning

In the morning of this Monday we
got in our Tour-bus
heading to our next destination.
I was looking out of the window
and all I could see was this beautiful
constant sunlight shining through
the leaves of the fall trees. It was
such a beautiful morning full of
warm light that covered lands,
hills, the valleys with their typical
German houses. I thought back in
time about the future. All I could
feel was a huge blessing upon me
patiently guiding me through
past, present and future.

Kreis

Auf den Knien

in einem Kreis

leuchtend sind die Augen

die auf dich

schauen

unschuldig

unberührt

frei

schauen sie auf dich

um zu erfassen

um zu zeigen das Licht ihres

Wesens

mit einer Bewegung

die man nur versteht

wenn man

lebt für den Moment.

Energie.

Verbunden an einem Strang.

Meine Scherben

Meine eigene Freiheit habe ich aufgegeben

auf meiner letzten Reise

habe mich und mein Selbstbewusstsein

verloren, es zersplittern lassen

in Einzelstücke von jenen

die sich selber nicht kennen

von jenen die nicht weiter

hinausschauen.

Scherben liegen nun um mich herum

ich kann sie nicht aufheben

ich kann sie nicht anfassen .

Jeden Tag wache ich auf

in unsichtbaren Scherben.

Doch diese Scherben

fügen sich langsam

zusammen zu

einem Weg

den ich

prädestiniert scheine zu gehen.

Lost

You will always find yourself
again.

Meißelnde Worte

Brechende Worte meißeln in die Seele wie Stein
und lassen sich nicht ummeißeln.

Everywhere

show me the music
in my life
It should be ubiquitous
Everywhere
But it is not.
So I need to go.
To a place where music exists.
Everywhere.

Innere Wege

So viele Wege kann ich gehen

so viele Leben kann ich leben

jede Richtung, jedes Tor steht

mir offen

es ist als würde ich durch

verschiedene Leben und Welten

wandern die eine

unterschiedlicher

als die andere

und genau dort

etwas von mir

hinterlassen

etwas

dass die Menschen tief

berührt und

wandelt.

In ihrem Innern.

Unbekanntes Leben

Von so weit her, aus dem alten
Leben gerissen und ins Neue
ohne die Richtung bestimmen
könnend in ein neues
unbekanntes Leben.

Was bedeutet es eigentlich
Das Leben zu leben ohne es jemals
gelebt zu haben?

Ich kann mir nicht
vorstellen
wie sie aussahen
wie ihr Leben war
als sie jung waren
so alt wie wir
als hätte diese Zeit

niemals existiert für sie
und sie wären
immer so alt und wir so jung.

Ich dachte immer
die Vergangenheit
wäre längst vergessen in
ihnen, aber dies ist nicht
der Fall.

Im Gegenteil
Je älter sie werden
desto mehr nostalgische
Blicke in die Vergangenheit
überkommen sie.

Zwei Menschen

Alt und grau

während ich im Zug

sitze und an ihrer Zeit vorbeifahre

zusammensitzend mit leuchtenden

Augen schauen sie der Fahrt

hinterher als sei alles verstanden.

Zwei Menschen gezeichnet vom Alter

ihre Augen leuchten wie die

eines Kindes unschuldig und

liebevoll winken sie der neuen Zeit

hinterher, zufrieden im Jetzt erlebt

in der Vergangenheit verstanden in

der Zukunft ein Bild

dass sich einem nicht oft offenbart

ein Moment kostbar und verborgen

im Zug des Lebens.

In so vielen Zugfahrten

das Leben studiert

so viel gesehen und erfasst.

Nimm diese vielen Zugfahrten durchs Leben.

Jahreszeiten meiner Seele

Top of the world

Uncountable miles

walked barefoot

through black

and through the most yellow sun

finally found

the path of my infinite desire

to breathe through my heart

and feel the birds

whispering

loudly into a new dawn

to create

a new colour

and read the book of life

that's what I want

look clearly in my soul and find the top of this

world

everywhere

in Me.

Stranden

Bei mir bahnt sich ein ziemlicher Wirbelsturm an
aber vielleicht strande ich dann endlich mal.
Und bleibe diesmal auch
dort.

Verwundet

So verwundet ist die Seele

vernarbt

so dass Klänge vibrierend die Wunden

aufreißen und bluten lassen in Tränen

die Erinnerungen.

So weit wie ein Auge schaut

sieht niemand die Ferne darin

die Tiefe der Geschichte jedes Auges

gebrandmarkt von Leben.

Aus meiner Kindheit erwachen viele Momente

gesehen habe ich diese Augen

für die ich jetzt ein Verständnis entwickle.

Regen

Wie gut es sich anfühlt
durch den dunklen Regen zu
spazieren während der Regen alle
Last von dir nimmt und du erfrischt
mit ihm tanzen möchtest.
Es ist als ob alles neu anfängt
vor meinen Augen
eingetaucht in Weiß
entblößt von allen Sorgen.

Licht

Wehr dich nicht.
wer sieht
dich
nicht
gerne in
deinem Licht.

Make it you
Widen your personality
collect all the beautiful characteristics from others
every learning experience and wise moment
and combine them to one
make it yours.

Herz
Ich denke
ich habe viele Leben
verändert
und irgendwo in Ihnen
eine Spur
ein Stück Liebe von mir
hinterlassen
denn all diesen Menschen
bin ich immer mit
meinem Herzen
begegnet
und später oft
in meinem Herzen
begegnet.

Ich schaffe es nicht

Ich schaffe es nicht

nein, das kann ich

nicht

habe ich noch nie

habe ich nie

geschafft

nie gekonnt

die anderen schon

sie konnten alles

ich aber nicht

werde ich auch nicht

schaffen

weder

jetzt noch später

werde ich es

wagen

trauen

mir vertrauen

springen

kämpfen

überwinden

scheitern

scheitern

und vielleicht
auch mal
siegen
und dann
fliegen.

aber nein

das können die anderen
ich aber nicht
nein
ich kann es nicht
es ist unmöglich

oder nicht?

Kann ich es doch, nur
weiß ich es noch nicht
schaff ich es doch
nur traue ich mich nicht
bin ich meines Glückes Schmied
oder bin ich es nicht?

Normalität

Wir sind an eine gerade Welt gewöhnt.
Denn unsere Orte sind
gerade
unsere Handlungen sind
geradlinig.

Weichen sie
ab sind wir
ungerade
unnormal
anders.

Ich bin ungradlinig
Ich bin
ANDERS.

Ich würde
sagen normal.
Meine Normalität weicht
von Normalität ab
meine Normalität ist
Andersein.

Ein unzensiertes Ich.

Mein echtes

fassadenloses von der Angst des

Verurteiltwerdens befreites

Ich.

Denn anders zu sein ist

mein Standard

der Normalität.

Neubeginn

So oft will ich versinken

in einem unertrinkbaren Meer von Leere

so oft will ich fortgehen mit den Wolken des Windes

so oft will ich verwelken mit den Blumen

nur um meine abgenutzte Schale

abzulegen

und

neu

zu beginnen.

What if

What if I could be anything I wanted to be?
I could lead every life possible
modest or rich
settled or travelling
what if I was anything I wanted to be
what if I was a classical piano player
a writer that sold thousands of books
what if I was a teacher and dedicated
my whole life to my students
what if I was a social worker
what if I was a doctor
what if I already was in every country
learned every language
played every instrument
got to know everyone.

What if I had a beautiful marriage
wonderful kids
what if I was a good mum
what if I was a politician changing the world
what if I was a professor for philosophy
what if I was an artist
painting my life
what if I was a poet
what if I was a tree
what if I was a bird

How would my life be?

What if I touched so many lives and enlightened them
what if I left an imprint on someone else's heart
what if I was free
and freed the hearts of others
what if I kept wandering?
Wandering through countries and towns
houses, schools, wandering through music
Would you ever agree?

Cause then, how would my life be?

Would it make sense?

Or be surrounded by my own fence?

Would I be lost?

Would I be found?

What would that cost?

Quiet thoughts, train rides.

Train rides full of quiet thoughts

looking outside of that one window.

That one thought and that one window

shaped my reality.

I decided to wander until I got lost

though pages of myself I found

slowly everywhere.

Words so clear

so loud I could hear

through wandering never fear

you will always find yourself, my dear.

I am writing this down
with all your handprints on my story.

One day these feelings will be fading
our pictures will lose their colour
and though our memories will be old
they will always be
retold.

Mann muss fallen

um zu schätzen

zu lieben

zu genießen

zu leben

zu atmen

zu sein.

Truth

The window is opened
opened so widely that I can see
see the truth in this mess
this mess of people looking
looking out of a window
a window that is closed
closed so well

so that nobody can see
has given up to see
the truth in this mess.

Verandastrahlen

Du sitzt auf der Veranda
und inhalierst diesen Moment
die Erinnerung möchtest du
in dich gravieren und nie
nie wieder
vergessen
Für immer
spüren
dieses
glückselige
bezaubernde Leben.
Der Wind
auf deinem Gesicht
dein mit Glück erfülltes Herz
das Licht, das dich durch die
Blätter anglitzert
der Traum erfüllt
deine Seele fliegend
in der Vergangenheit
die Zukunft deines Traumes
beobachtend
für immer dein
für immer allein
in deiner Seele
einen strahlenden Platz
einnehmend.

Was habe ich getan?

Eines Tages, sagte sie, werde ich genau das tun, was du getan hast.

Was habe ich getan?

Du hast das getan, was du in all dem Tun, geschafft hast zu tun.

Was habe ich getan?

Du hast in deinem Tun geträumt, geschrieben, gelebt und gemalt.

In allen Varianten auf allen Ebenen, mit allen Sinnen und

allen Gefühlen.

Mit allem eins, dennoch einzigartig allein.

Warst du nur da, um dein Tun zu wagen und ein Tun zu tragen?

Was habe ich getan?

Du hast getan, was du tun wolltest zu tun.

Das Ende

Ist es das Ende?

Mit Zeit wird sich
eine Antwort mir offenbaren.
Der neue Schritt
das neue Kapitel
sich zeigen.
Ich bin bereit
zu lernen, zu wachsen, zu gehen in jede
Richtung, die das beste ist für
mich.

Erfolg

Ich musste erst einmal lernen
wie es ist zu leben.

Ich musste mich üben in Geduld
Bescheidenheit
Güte
Freundlichkeit
vor allem Zufriedenheit

erneut an mich heranlassen
die Mauer um mich herum
Stück für Stück abbauen
und mein Herz zeigen
die Kälte gegen Wärme
austauschen
die verbitterte Härte gegen
meinen Sanftmut.

Denn all dies war verloren
gegangen auf dem ehrgeizigen Weg
zum Ziel.

Doch als das Ziel nah war,
hatte ich es endlich geschafft.

Aber meine Seele war vergangen
das Leben in mir erloschen
die Lebenskraft meinem Körper beraubt
und ich nur eine nackte Schale meines
erfolgreichen Selbsts.

magic

It is so heart-wearming to be here
to experience this magic
of music
of culture
of life
that is so different
but still the same in
its
origin.

Sie kämpft

Sie kämpft im Moment mit sich
selber, ihr Kampf ist stetig und
langanhaltend, doch es geht nicht
um sie, sondern um all jene, die sie
umgeben und jene, die es nicht
tun. Sie arbeitet hart und voller
Herz und blickt oft an einen Ort
den sie noch nicht sehen kann
ein ungewisser Ort ihrer Zukunft
den sie sehnsüchtig sucht.

Jahrelang

Es gibt Momente da weißt du,
dass du dahin gehörst, wo du gerade bist.
Das erkennst du an einem wohligen, dich wärmenden
Gefühl der überzeugten Zugehörigkeit, in dem, was du tust.
Du fühlst dich glücklich und zufrieden und richtig da, wo du bist.
Es gibt keinen anderen Ort, wo du lieber wärst.
Statt dich wo anders zu wünschen und in die Ferne zu träumen
möchtest du jahrelang deinem jetzigen Leben nachgehen.

Spuren des Seins

Im Wachsen allein beginne ich zu sehen
zu verstehen
das Chaos der Lebenden
durchblicke ich schließlich das Verschlüsselte
der glasigen Augen
meiner zerbröselnden Umgebung
und niemals sehe ich die Gemeinsamkeit
der Menschen
die sich verstecken hinter gläsernen Türen und Mauern
und ihre Frust runterspülen mit modernsten Mitteln
um zu folgen
den Spuren der scheinheiligen Glücklichen.

Wie kannst du dich retten?

Jeder rettet sich irgendwie
so schwer kann das doch nicht
sein, auf eigenen Füßen zu stehen
und zu überleben ganz allein
wachsam sich dem Leben zu stellen
so schwer kann das doch nicht sein.
Jeder rettet sich irgendwie
so schwer kann das doch nicht sein
du hast doch alle Voraussetzungen
du bist doch nicht mehr klein
das einzige was dir fehlt
ist eine große Portion
Selbstbewusstsein.

Dışarda bir Coçuk

Orda bir coçuk varmış
dışariya bakıyormuş
dışarıya bakarken sende dışarıya
bakıyormuydun yoksa dışarı
bakar gibi mi oldun o coçuğa
bakarken?

Räume

Weißt du eigentlich in wie vielen
Räumen ich saß?

Ich saß in vielen Räumen
und alle sahen gleich aus
gleich groß gleich lang und gleich
grau gleich alle gleich alle gleich
und alles gleich als ob die Räume
in die man sich begibt gleich
aussehen würden dabei sehen sie
doch alle anders aus, denn einige
haben ein Fenster.

Mysterium

Viele Schichten verborgen in einem
Mysterium. Ein Mysterium bin ich
so viele Schichten die nur
bestimmte Menschen sehen, aber
nur wenn ich es erlaube.

To give

Today I want to give, give more
love than ever, I want to finally
open up my heart to show what
is in there. I want to encourage
and make people smile. I want
to show them glimpses of light.
I want to be true and touch
hearts truely.
Today I want to give
give more love than ever.
But I want to give
not only today but everyday
for the rest of my life.

Neue Welt

Mit nur einer Tür, nur einem Tor
könnte ich in eine komplett neue
Welt eintauchen
und es könnte sich alles
alles
verändern
mit nur einem Schlag
mit nur einer Person.

Seelenauge

Wenn ich meine Seele öffne
kann ich mit dem Auge des
Universums sehen.

Sei offen

Sei offen für Veränderungen
was dich und die Entfaltung deiner Person betrifft.
Bleib niemals an einem Punkt stehen
sondern öffne deine Antennen für alles Lebhafte
und lerne dazu
ohne zu vergessen zu sein
immer du.

Inne halten

halte

inne.
Führe vor Augen

wo

du dich gerade

befindest.

Schlüsse

Könnte ich entschlüsseln
alle Schlüsse
um zu gelangen in die tiefen
aller Flüsse
Flüsse, die so stark sind wie
Schüsse
dich durchbohren bis du
fühlst die Küsse auf deiner Stirn
blutig blutend
weißer als weiß
siehst du nun das Blau aller Flüsse
mithilfe jener Schüsse
kannst du nun entschlüsseln
alle Schlüsse.

A place of Red

I see a red house in the middle
of a green field
sunlight is falling into its wide opened windows
a warm breeze fills the dusty souls with life
my heart is pounding against my chest

so fast
that I can barely breath
I see a far place up on the mountains
my home of hope and strength
that's were winds of tears end up
and transform into new life

I see a red house in the middle of a green field
a place of new
Birth.

Gestern

Gestern traf ich eine Person

und sie erkannte mich

wieder

nach all den Jahren

aus so vielen

Gesichtern konnte sie sich

erinnern

auf Anhieb.

Immer noch konnte ich die starken

Züge und die Fürsorge in ihrem

Charakter erkennen, die Strenge

und gleichzeitig Gelassenheit.

Doch was ich noch sah, war

ihr Alter.

Ihre Stimme sprach leiser und

langsamer, ihr Wesen zeigte

kindliche Züge und für einen

Sekundenmoment

konnte ich fühlen, dass ihre

Seele zunehmend erlosch.

Ich blickte ins Universum

und sah all die, die noch kommen

und all jene, die gehen würden

bewusst wurde mir plötzlich

dass es schon seit etlichen Jahren so war.

Nie werden wir für immer hier

sein können

sondern wie eine Blume, wenn

unsere Zeit vorüber ist, verwelken

oder gepflückt werden um

irgendwo

anders wieder zu erwachen

und die Sonne anlachen zu können.

Egal, wie unbedeutend man

sich in diesem Leben manchmal

gefühlt haben mag

nie werden wir unbedeutend

fortgehen

die Spuren die wir in

anderen Menschen hinterlassen

werden dort

Leben

für immer.

Bitte

Dreh mal deine Welt
herum
bitte

siehst du dich?

wie du all das machst
was andere „richtig" machen
während andere es
„falsch" machen?
wie du mehr Geld verdienst
weil du das machst
was dir mehr Geld
bringt
und Anerkennung.

Und siehst du dich?

wie du

die anderen lachen siehst

glücklich mit dem

was sie haben

was sie aus

sich gemacht haben

weil sie immer

ihrem Herzen gefolgt

sind während du dein

Verstand benutzt hast

um weiterzukommen.

Und jetzt, dreh mal deine Welt

herum

bitte

und sieh

wie viel Glück

du hast.

Was bedeutet eigentlich ankommen?

Wann komme ich eigentlich

an?

Ich möchte so gerne ankommen

ankommen, wo alle anderen

auch ankommen

ankommen und endlich

verstehen alles was

ankommen

bedeutet.

Maske der Neuzeit

Eine Maske der Neuzeit

aufgesetzt im jungen

Alter

eine undurchdringliche

Mauer von

Emotionslosigkeit

um kein Zeichen von

Schwäche zu zeigen

oder Verwundbarkeit

eine Fassade der Stärke.

Doch ich sehe Risse

des Menschseins zwischendurch

vorsichtig und schüchtern

ein echtes Lachen

ein echtes Blicken

echte Emotionen

ein Moment von

gut versteckter

Schwäche oder

zu vorsichtig

aufbewahrtem Leben.

Paradies

Hin und Her schlägt mich die wogende Luft
das Entkommen und Ausschreiten
liegt unter der weichen Erde meines Ichs.
Wirre Gedanken spiegeln sich in den
vereisten Dämpfen
des Himmels
wohin die Seele schmachtet zu gelangen
aufgehalten von kahlem Jahrhundertgestein
zurückgefallen in eine offene Hand
eingeschlossen in verdorrten Gegenden
doch schließlich sich entwunden
um zu finden das eigene Paradies.

TOD

Erdige Farben

Schwarz mit einem gelben Tuch
läuft sie auf mich zu
bunte Blumen auf wehender Seide
um ihren Hals gewickelt.
Ein Strohhut, eine lange
Strickjacke in erdigen Farben.

Meine Welt

Als ich deren Augen sah, sah ich
nicht die Augen eines Menschen
sondern die Augen einer transparenten Seele.
Meiner transparenten Seele?

Es war, als ob ich durch Fleisch und
Blut hindurchschauen konnte
in sie.

Nur mit einem Blick.
War ich nicht mehr hier
in meiner Welt
sondern in
einer anderen Zeit der Welt
beseelt
von anderen Wesen
hineingetaucht
in eine Welt des neuen Zeitalters
einer anderen Welt
die in unserer
Welt existiert
aber nicht mehr war
meine Welt.

Friedhofsgeflüster

Ich sah wie jemand durch die Tore des Friedhofs trat.

Er trat hinein, in eine unbekannte Welt tausender Seelen.

Blieb er dort oder ging er fort?

Was gab es dort, fort von jenem Ort?

Tod

oder

Leben?

Leben oder Tod?

Ein Mensch in Not, ist nicht nur der Tod, den wir nicht kannten.

Spaziergang auf dem Friedhof

Sieht man nur Namen oder auch
Sie
sieht man sie in ihren Namen
gemeißelt auf einem Stück Stein
umgeben von anderen Steinen mit
gemeißelten Namen.
Wohlüberlegt, wie er aussehen soll
weiß oder grau, grau oder schwarz
schwarz oder weiß, groß oder klein
klein oder fein, aber nein, er soll
nicht zu spitz sein, zu kantig zu
rund, wie soll er sein der Grabstein?
Der Grabstein, der dem Toten als
Lebenszeichen oder
Liebeszeichen dient.
Ein Andenken
eine Hinterlassenschaft von
Worten, die im Vergleich zum
Leben wortlos klingen im Garten
der Toten.
Ein Garten ist es tatsächlich
ein friedvoller, außerordentlicher
Garten, ein Ort der Zusammenkunft
von Leben und Tod, von Menschen

und Seelen, von Himmel und Erde.

Himmlisch wirkt es, mysteriös

versteckt im Grün. Versteckt im

Licht, ein heiliger Ort.

Die weltliche

Pforte ins andere Reich?

Eine Zeitmaschine, dessen Eingang

die großen Tore oder kleinen Türen

eines Friedhofs bilden. Tatsächlich

wie in einer anderen Welt

einer anderen Zeit

in der es keine Zeit

gibt und alle Uhren stehen

geblieben scheinen unter

Gottes Hand.

Kann ich einfach

spazieren gehen, dort?

Kann ich dorthin gehen

mich den Toten zuwenden

die Kunstfertigkeit ihrer

Grabsteine begutachten

ihrer Stille lauschen?

Meinen Kopf leeren und meine

Seele baumeln lassen?

Kann es mein Ort der

Zuflucht sein?

Oder ist es mir nicht gestattet?

Ist es eine Vorschrift

keinen Fuß dorthin zu

setzen

bis uns der Tod

mit den Toten

konfrontiert?

The End

And when we leave this place

memories

kept with photos, writings

kept so cautiously in our hearts

in our archived boxes

all of our tears all of our laughter

will be here

forever

resound from the top of the world

and spread out

reaching life and reaching death

reaching you and me

the end and the beginning

Finally.

Emotionale Verbannung

Was passiert, wenn ich jemanden

abschiebe, ihn verbanne aus

meinem Leben? Weil er mir

Schlechtes angetan hat, kann ich

ihn auch aus meinem ich, meinem

Fleisch und Blut löschen? Kann

ich ihn ignorieren und so tun als

hätte er nie existiert? Kann ich ihn

erniedrigen ohne dabei auch

schlecht zu sein? Kann ich

jemanden

der mir meine Existenz

gesichert hat, seiner Existenz

auf diese Weise

berauben?

Alter

Immer öfter begegnet mir das Alter.

Wenn ich sie so sehe mit ihren Falten

und ihrer gebückten Haltung

ihrer langsamen Zeit

dann sehe ich mich in ihnen und

ein unaufhaltsamer Gedanke steigt

auf und folgt meiner Zukunft.

Die Zeit wird auch mich

zeichnen.

Wo werde ich dann sein?

Mit wem?

Mit welchem Gemüt?

Wie werde ich auf mein früheres Ich

zurückblicken?

Mit Reue oder mit Zuversicht?

Was werde ich in diesem Leben

verändert haben?

In wem

eine Spur von mir

hinterlassen

wem Halt

gegeben haben? Und

wen werde ich in

meinen letzten Tagen

an meiner Seite haben?

Abgrund

Wer reicht dir die Hand

wenn du

am

Abgrund bist.

Nichts als das, was

du nicht siehst, was du nicht

fassen kannst, was du nicht

kaufen kannst, wird dich da raus

holen und retten dein Leben, indem

er wird geben dir

ein neues Leben.

Yolun sonunda

Elinden tutalım dediler
Elini ver götürelim seni buralardan
dediler
ama hiç kimse elimden tutmadı
götürmediler beni buralardan
bıraktılar beni kendi başıma
arkamı döndüm gittim bende
oradan
burayı bulmak için.
Gitmez bu dediler
gittim ben
biz geleceğiz dediler
gelmiyeceklerini biliyordum
o yüzden gittim ben
bu dünyadan
bıraktım onları
bu dünyada
hayatla başbaşa.
Elinden tutalım dediler
götürelim seni buralardan dediler
ama hiç kimse elimden tutmadı
götürmediler beni buralardan
bıraktılar beni kendi başıma
arkamı döndüm gittim bende
buralardan.

Forever

What happens to all the manifold
souls in the world?
So many souls
all with a different story

can they vanish all into nothing?

People you touch
memories you make
hearts you put together
life you give
connections
there is
a life beyond

Forever.

Ölümlü Hayat

Nereye götürüyorsun bizi ölümlü

hayat hayat dolu mu olalım hayatsız

mı, nerede hayatı bulalım nerede

olmayalım, olmasakta hayatta

olalım olsakta olmayalım şu

hayatta hatta hiç ölmeyelim ölümlü

hayatta hep birlikte hep biz

kalalım hayatla birlikte yürüyelim hiç

durmayalim zamanı unutup

zamansız bir dünyada zamanla

birlikte yaşayalım haydi hep birlikte

kaçmayalım ne hayattan ne

ölümden ne ölümlü hayattan.

Der Gang

Ich blicke durch einen Gang

ein Gang voller Türen

die Türen sind überall

an allen vier Seiten

des Gangs.

An allen Seiten der Türen ist

ein Gang

außer am Ende.

Dort am Ende

der Dunkelheit ist

ein Fenster

dessen Licht nur

langsam fällt

in den Gang.

Keşke

Keşke tanışsaydım bazı şimdi ölmüş olan insanlarla

öğrenseydim onların hayat hikayelerini

doldursaydım kalbimi onların duygusal anlariyla

derin düsünceleriyle

baksaydım o parlak hayat dolu gözlerinin içine

tamamlasaydım kendimi onların varlığıyla

keşke.

Tote Bilder

Die Bilder hängen über dem

Schreibtisch voller Leben und

Freude sind die Gesichter

Eingefangen in einem Moment voll

Farbe, doch was passiert, wenn die

Luft aus meiner Seele entweicht

und für immer fort ist aus diesem

Leben, die Dinge, dich ich berührt

habe, Menschen und Gegenstände,

sind sie dann noch von mir? Bin

ich dann noch hier? Oder bin ich

schon geschieden

vollends vergraben

in meinen toten

Bildern

von mir

hier.

time

time is passing
and with every passing
realization is inevitable.

Wenn ich eines Tages

Wenn ich eines Tages

aus diesem Leben scheide
dann sollst du wissen
ich habe alles erlebt
was ich wollte

in vollen Zügen
mit aller Liebe
jeder einzelnen
Zelle meines Herzens
kann ich sagen
ich habe genug gelebt
genug erlebt
genug geliebt
genug gesehen.

Ich wünschte

Ich wünschte ich müsste

nie

ich wünschte sagen

ich wünschte

ich hätte dir gesagt

ich wünschte ich hätte

all jenen, die ich wirklich geliebt habe

gesagt, dass ich sie wirklich

geliebt habe

ich wünschte

ich wünschte

ich wünschte

du hättest es auch

gesagt, ich wünschte.

Hier und Jetzt

Wenn ich irgendwann

gehen sollte

werde ich nicht zurückblicken

denn ich habe

alles gegeben

in der Freundschaft

in der Liebe

im Vergeben

im Leben

im Licht und im

Dunkeln.

Im Hier und Jetzt.

Kirschen Sammeln

Eines Tages sah ich dich

ganz oben

an einem Baumwipfel

du wolltest Kirschen pflücken

das hattest du mir erzählt

rote, frische, junge Kirschen.

Ich glaubte dir nicht

denn du hattest Höhenangst

dein Leben lang.

Du liebtest Kirschen

das wusste jeder

aber sie selber pflücken?

Nie im Leben

obwohl der Kirschbaum

dich jeden morgen von unserem

Garten aus anlachte.

Du hast dich nie getraut

immer ließt du die anderen

sie für dich pflücken

und schautest ihnen traurig dabei zu

du sammeltest sie danach behutsam

in einem selbst gepflochtenen Korb

bis sie verdarben.

Nie aßt du sie

aus Angst, sie würden dir nicht schmecken

und du hättest sie umsonst gepflückt

denn du liebtest Kirschen zu sehr.

Doch als ich dich da oben sah

wusste ich

dass du sie nicht mehr

sammeln würdest

du würdest sie pflücken

dann essen

und für immer genießen.

Epilog

Der weiße Baum

Der weiße Baum dort drüben am Wegrand
siehst du ihn?
Er wechselt immer seine Farbe
wenn man ihn anschaut
aus der Ferne.

Warum? Das weiß niemand.
Er ist der einzige seiner Art
sonst sind alle grün,
aber er ist weiß.

Dort drüben am Rand
der Straße
lebt er schon seit Jahren
der weiße Baum.
Seine Wurzeln umgeben den
harten, steinigen Boden
fest hält er sich dort
an nichts.
Er steht einfach so da
in einem prachtvollen
Weiß, die Arme zum
Himmel streckend
in der Nacht Licht spendend.
Er ist so schön und groß,
seine kräftigen Wurzeln
fest verankert am Boden.

Eines Tages sah ich
an seinen Wurzeln

plötzlich eine Farbe.

Blau.
Blau wie das Meer
war seine erste Farbe.
Rot seine zweite Farbe.
Sie schlängelte sich zu ihm hoch, langsam.
Gelb umklammerte daraufhin seine Äste
bis Grün ihn vollkommen beleuchtete.

Jeder bemerkte diesen
Baum
nun
endlich
und bewunderte ihn
jahrelang.
Doch eines sonnigen
Morgens
verdorrte dieser
Baum

und wurde

aus schwarzer Asche

erneut Weiß.